Die Krieger der Herzen

Erika Flickinger

Kontakt: 66955 Pirmasens

dualseelen.org

Druck: CreateSpace.com

ISBN:978-1514286142

ISBN13:1514286149

INHALT

Vorwort

Die Krieger der Herzen sind nicht die kämpferischen Menschen, jene, die bei jedem Konflikt mit den schärfsten Waffen rasseln, und nicht die Helden im herkömmlichen Sinne. Du kannst sie überall finden: der Nachbar, der Arbeitskollege, die Freundin, die Schwester, Dein Partner … vielleicht ist Er auch jemand, der still an Deiner Seite weilt.

Sie leben eine neue Art Menschsein. Die Herzkrieger gehen viele Irrwege und sind doch immer auf Ihrem Weg. Sie weichen keiner Aufgabe aus, sofern sie Ihnen für Ihre Mission wichtig erscheint. Sie lassen keinen Fehler aus, weil hier wahres Potential zum Lernen liegt. Und doch leben sie still, kaum hörbar in dem Lärm der Welt.

Und vor allem leben Sie Gefühle, stehen zu Ihrer Trauer und Liebe.

Sie gehen Ihre Wege mit den Augen in der Zukunft, denn ein Herzkrieger sieht heute schon, dass die Welt sich wandelt, dass die Sehnsucht der Menschheit nach Frieden immer größer und fordernder wird.

Sie erkennen, dass Liebe einen neuen Stellenwert bekommt.

Ein Krieger des Herzens ist hier, um diese Wege still zu gehen und somit ins Dasein eines jeden zu leben.

Die Krieger der Herzen

sind keine Suchenden.

Sie sind ständig Findende.

In jedem Moment finden Sie

Schönheit

Ruhe

Geborgenheit

Wunder

Neues

Liebe

sich selbst.

1

DIE KRIEGERIN

Das Leben erkennen

Die Kriegerin lebt nicht mit Blick in die Zukunft,

Sie lebt die Augenblicke …

Wissend, dass kein Moment dem anderen gleicht,

dass kein Moment zurückkehrt oder sich halten lässt.

Sie lebt bewusst Sekunde an Sekunde …

und lässt sich, ohne Hinterfragen, in den neuen Tag tragen.

Sie will nicht das Leben an sich verstehen,

sondern nutzt Ihre Zeit, um sich kennenzulernen,

denn Ihr ist wohl bewusst, dass Sie Teil des Lebens ist …

in sich trägt Sie die Wahrheit allen Lebens,

und Sie weiß, wenn Sie sich selbst erkennt,

Ihre Rolle in diesem großen Gefüge,

Ihren eigenen Platz in all den Wundern um sich herum findet,

dann erkennt Sie das Leben an sich.

Sie hält nichts fest

Eine Kriegerin des Herzens hält an nichts fest,

besonders nicht an dem, was gehen will.

Denn Sie weiß, solange Sie festhält,

verweigert Sie der Veränderung

Ihr Leben erneut zu bereichern.

Sie lässt gehen …

lässt sein, was sein will …

hält nichts fest …

und schaut nicht zurück.

Alles, was hinter Ihr liegt,

hast Sie schon erlebt …

verinnerlicht …

wahrgenommen …

daraus gelernt …

Sie kennt alles schon.

Eine Herzenskriegerin geht Ihre Wege auch,

um Neues zu finden …

Liebe zu geben …

Liebe zu empfangen.

Sie schaut nicht zurück …

denn alles, was Sie dort findet,

hält Sie davon ab weiterzugehen.

Sie dreht sich nur manchmal um

und schaut still und andächtig zurück,

um zu erkennen,

wie viele verschlungene

Wege Sie schon gegangen ist …

wie viele beschwerliche Berge,

die Ihr unbezwingbar erschienen,

Sie schon erklommen hat,

und voller Demut fühlt Sie doch Stolz

auf all die Wege, die Sie ging.

Und dann blickt Sie wieder nach vorne,

dahin, wo die Welt Ihr noch so viele

Wunder und Liebe offenbaren will.

Die Wege einer Kriegerin

Die Kriegerin des Herzens weiß,

egal, ob Sie nach links oder rechts,

nach vorne oder vielleicht wieder zurückgeht, es ist Ihr Weg,

Sie geht keinen Schritt umsonst.

Meist wählt Sie Ihren Weg nicht bewusst,

Sie lässt sich leiten,

von Ihrer Intuition,

den Gefühlen,

dem Herzen

von Ihren Träumen

und besonders von Ihren Sehnsüchten.

Wegweiser am Rande und vorgegebene Wege ignoriert Sie,

weil diese Sie meist in die Scheinwelt der Normen

anderer führen würden,

weil Sie auf fremden Pfaden an Ihrer eigenen Wahrheit vorbeiläuft.

Sie ist hier, Ihren Weg zu finden, nicht um den anderer zu gehen.

Nein, Sie ist nicht egoistisch, indem Sie darauf bedacht ist,

Ihre eigenen Spuren zu hinterlassen.

Sie ist nicht verrückt, weil Sie neue, unerforschte Wege beschreitet,

die Ihre Sehnsucht von Ihr fordern.

Sie ist nicht weltfremd,

weil Sie an die Liebe als einzigen Weg glaubt.

Ihr ist sehr wohl bewusst, dass sie oft belächelt wird,

es interessiert Sie nicht.

Die, welche Ihr kopfschüttelnd nachsehen,

sind meist jene, die in fremden Welten ihre eigene verloren haben,

die in Schubladen räumen, was nicht der Norm entspricht.

Es sind diese Seelen, die ihr wahres Leuchten verbergen,

um sich in das Licht von Althergebrachtem zu platzieren,

ohne zu bemerken, dass sie damit

ihrem eigenen Leuchten ein dunkles Tuch überwerfen,

und sich damit selbst in die große Schublade

des Genormten sortieren.

Die Kriegerin aber trägt Ihr eigenes Licht,

leuchtet Ihr eigenes Universum aus,

passt mit Ihren Ecken und Kanten in keine beschrifteten Kästchen.

Sie geht liebend und rücksichtsvoll,

aber selbstbestimmt Ihren Weg,

und manchmal geht Sie auch Wege zurück, wenn Sie fühlt,

dass dort noch immer eine unvollendete Aufgabe auf Sie wartet.

Sie schämt sich nicht zuzugeben,

dass eine Lektion wiederholt werden will.

Genau dies macht Krieger der Herzen zu dem, was sie sind,

einem Licht … um anderen auf deren Reise zu leuchten

und den eigenen Pfad zu finden.

Die Schwäche der Kriegerin

Auch eine Kriegerin der Liebe wird manchmal schwach,

wenn die Liebe in Ihr Leben tritt und Ihr Herz berührt,

verbeugt Sie sich voller Ehrfurcht vor diesem heiligen Gefühl.

Sie offenbart diesem einen Menschen, der als einziger

die geheimen Kammern Ihrer Seele betreten darf,

all Ihre Geheimnisse …

Ihre Verletzlichkeit …

Ihre wunden Punkte …

Ihre Sehnsucht …

Ihre Träume … Ihre verschwiegenen Worte.

Nur vor Ihm legt Sie Ihre Rüstung ab und zeigt den Reichtum

all Ihrer Schönheit, die den Augen anderer verborgen blieb.

Sie weiß genau, dass es nur eine einzige Seele gibt,

die den Schlüssel zu all Ihrem Fühlen im Herzen trägt,

und nur dieses eine Herz erkennt Ihre wahre Magie.

Wenn Ihr Krieger Ihren Weg kreuzt, trifft es Sie mit voller Wucht,

ein Wiedererkennen, welches Sie bis ins Innerste erschüttert,

die Kraft dieser Liebe lässt Sie wortlos und in Demut verbeugen.

Ihre Wege

Die Kriegerin des Herzens weiß,

Sie selbst hat Ihre Wege gewählt,

kein anderer ist sie für Sie gegangen.

Sie selbst stand einst vor der Wahl,

biege Ich ab ins Unbekannte,

dahin, wo alles neu sein wird,

gehe Ich weiter nach vorne

in das, was Ich erkennen kann,

oder gehe Ich gar zurück

in die Welt, die Ich kannte.

Und meist wird Sie abbiegen,

dahin, wo der Nebel der Zukunft

noch alles vor Ihr verbirgt,

aber Ihre Intuition schon fühlend sieht:

dort warten Aufgaben, dort wachse Ich,

dort kann Ich mich erneut

erfinden

formen

wachsen

und lieben.

Zurück geht Sie nur, wenn Sie erkennt,

Sie ist einen Weg nicht wirklich gegangen,

sondern unachtsam und ungeduldig geeilt,

und Sie in Ihrer Rückschau wahrnimmt,

es gibt dort noch etwas zu tun.

Für Sie gibt es keine falschen

und keine richtigen Wege,

auch keine Scham, einen Weg erneut zu gehen.

Für Sie ist jeder Weg der richtige für Sie.

Die Kriegerin trägt die Fackel der Liebe

Die Kriegerin des Herzens trägt Ihre Liebe

wie eine Fackel auf Ihrem Weg vor sich her,

und leuchtet damit Ihre Pfade und Zeiten aus.

Wenn Sie kommuniziert, dann immer mit der Stimme der Liebe.

Sie befindet jedes Herz würdig, Ihr Leuchten zu empfangen.

Wenn Sie Dein Herz in seiner Mitte trifft,

wirst Du niemals mehr der sein, der Du einmal warst.

Ihre Mission ist die Liebe und der Weg des Herzens.

Und jeder, dem es bestimmt ist, Ihren Weg zu kreuzen,

wird Ihr nicht ausweichen können.

Denn Sie geht geduldig in sich ruhend Ihre Pfade,

intuitiv dem Ruf einsamer Herzen folgend.

Wenn Du Ihr Leuchten erkennst,

und sei es nur durch den Blick in Ihre Augen,

wirst Du den Samen der Liebe in Deinem Herzen finden.

Du erkennst Sie am Leuchten in Ihren Augen,

an der Stille, die Sie umhüllt und Dich wohltuend umarmt,

an Ihren wenigen Worten, die Dir so vieles erzählen,

daran, dass Sie Dir Wege aufzeigt, ohne Dir diese zu zeigen.

Doch meistens erkennst Du Sie erst dann als das, was Sie ist,

wenn Sie für Dich nicht mehr sichtbar auf Ihren Pfaden weitergeht.

Und doch … es bleibt Ihr Leuchten tief in Deinem Herzen. ♥

Sie geht Ihren Weg

Und immer weiter geht Sie mit offenem Herzen Ihren Weg,

verfolgt gelassen Ihren Pfad, voller Glauben an Ihre Gefühle,

lässt sich nicht …

halten

einengen

besitzen

kommandieren

verändern.

Sie geht Ihren Weg immer dem Ruf der Seele nach,

immer nur der Intuition gehorchend und aufmerksam …

lauschend

fühlend

träumend …

tastet Sie sich durch Ihre innere Welt voller Visionen,

um ihnen die Geburt in ihr Sein zu ermöglichen.

Sie geht Ihren Weg zumeist alleine,

man bezeichnet Sie als einsam auf Ihrer Reise,

doch ist Sie alles andere als das, denn

Sie lebt Ihre Wahrheit, indem Sie Träume in Leben verwandelt.

Still beobachtet Sie, wie andere Menschen durch das Leben …

eilen … stolpern … sich verbiegen … dem Erfolg nachjagen,

und dabei ganz die uralten Impulse, den Ruf der Seele ignorieren.

Sie setzt Ihre Sinne ein … Ihr Gefühl … Ihr Herz …

das innere Hören … das Sehen über das Leben hinaus …

Sie hört Zwischentöne und Musik aus anderen Sphären

und wagt sich, mit diesen Melodien durch Ihr Leben zu tanzen.

Sie geht Ihren Weg bedächtig über diese Erde …

lebt nach den Impulsen von Sonne und Mond …

lässt sich in die Elemente fallen und tragen und ehrt Ihr Leben.

Sie plant nur selten, lässt sich lieber von Ihren Sinnen führen,

nimmt Ahnungen, Visionen und Wege

früherer Zeiten als Wegweiser.

Das, was andere als sinnloses Dahintreiben bezeichnen,

ist Ihre Art, nach Ihrer eigenen inneren Weisheit zu leben.

Sie macht da Halt, wo Sie herzlich eingeladen und verstanden wird,

und zieht weiter, wenn eine Ihrer Visionen

zum Leben erwachen will.

Kraft findet Sie in den kleinen Freuden am Rande Ihres Weges,

in den Zeichen der Natur, in den Gezeiten

und Elementen Ihres Daseins.

Und Sie weiß, dass Sie als Projektionsfläche anderer dient,

weil Sie all dies lebt, was andere gefangen in der Norm verdrängen.

Ihre Wege sind Ihr Lehrmeister, nicht die Regeln der Gesellschaft.

Und mag es manchem noch so einsam erscheinen …

Sie ist eine Kriegerin des Herzens …

und nie einsam auf Ihrer Reise …

denn mit Ihr gehen Liebe …

Vertrauen …

Licht …

und Ihre Wahrheit.

Einfach nur Ich

Nichts, was Sie sagt, könnte Ihre Seele zeigen …

nur Taten und das einfach Dasein sprechen für Sie …

für Ihre Art … für das, was Sie wirklich ist.

Einfach, was Sie lebt und fühlt …

nichts von Dir und Dir und Dir …

immer einfach nur Sie in all Ihrem Sein.

Keine Rolle wird Sie spielen, nur um zu gefallen …

nur um Mitglied zu sein und anerkannt zu werden.

Alles, was Sie ist, liegt in Ihr verborgen …

in dem, was Sie fühlt, in dem, wie Sie handelt …

nur einer wird dieses wahre Ich in Ihr berühren können …

nur einer wird sein Ich mit dem Ihren wahrhaft teilen …

nur jener, der sich seit Anbeginn Ihre Essenz teilte.

Der Weg der Kriegerin

Und wieder einmal geht Sie Ihren Weg weiter,

und wieder einmal lässt Sie zurück,

was noch nicht sein will oder nicht sein kann.

Und wieder einmal legt Sie Ihre Rüstung um,

schreitet voran nur mit Blick in die Zukunft.

Und wieder einmal geht Sie Ihre Schritte

im Takt Ihres Herzens, einen um den anderen.

Und wieder einmal verlässt Sie Wege,

die Sie eine Weile als Zuhause fühlte …

Wege, auf denen Ihre Seele Ihre Spuren hinterließ.

Sie weiß, wenn Sie dem Weg des Herzens folgt,

zurücklässt, was doch tief in Ihr lebt und leuchtet,

wird manch einer Sie nicht verstehen … sich abwenden,

dies ist Ihr gleichgültig … es ist Ihr Weg …

nur Sie kann ihn verstehen … nur Sie ihn gehen.

Sie geht lieber auf einsamen Pfaden,

auf den Wegen der Intuition, der Liebe und Wahrheit,

doch mit sich selbst im Reinen und zufrieden,

als auf den Straßen der Angepassten und Jasager,

als auf den Pfaden der Heuchelei und Lügen.

Sie verlässt Plätze, an denen Ihre Liebe nicht gefordert ist,

und folgt dem Rhythmus Ihrer Seele, Ihrer inneren Navigation.

Und doch weiß Sie genau, dass jeder Ihrer Schritte

im Herzen des Einen, den Sie liebt, Ihr Echo hinterlassen,

dass jeder Schritt, den Sie geht, in Seine Spuren passt.

Und so folgt die Kriegerin des Herzens dem Ruf der Liebe,

vertrauend auf Ihre Intuition, dass alles gut ist, wie es jetzt ist,

dass die Wege zweier Herzenskrieger sich nie verlieren,

und Ihre Spuren zur richtigen Zeit zu einer einzigen werden.

Die Liebende und Kriegerin in Mir

Die Kriegerin und Liebende in Mir weiß voller Vertrauen,

dass alles, was Ich wissen muss, schon in Mir schlummert.

Dass Ich zu allem, was Ich leben soll, das Wissen in Mir trage,

die Grundsteine schon vor langer Zeit in Mir angelegt wurden.

Dass alles, was sein soll, Meinen Weg auch kreuzen wird,

dass sich uraltes Wissen in Meinen Tiefen gespeichert hat,

und sich Mir erst zur rechten Zeit offenbaren wird.

Sie weiß auch, dass alles, was Ich erlebe, träume und ersehne,

und ein jeder, dem Ich begegne, auch der Schmerz und die Tränen,

Mich Meiner inneren Weisheit Schritt für Schritt näherbringen.

Die Kriegerin und Liebende in Mir ist voller Zuversicht,

in die für Sie gültige und Ihr innewohnenden Weisheit,

Sie braucht keine Klugheiten anderer, keine Weisheiten von außen,

besonders nicht jener, die laut und klug nach außen tönen,

und doch ein ganz anderes Sein vorleben, als sie predigen.

Die Kriegerin und Liebende in Mir erkennt, mit Ihrem Herzen

einen anderen Krieger Ihrer Gesinnung in Ihrer Seele

und im Herzen

daran, dass Er leise Seinen Weg geht,

bedächtig Seine Schritte setzt,

daran, dass Er auch Schmerz und Leid annimmt

und sieht als das, was es ist,

und daran, dass Er niemandem Seine Wahrheit

als die einzig gültige aufdrängt.

Von solch einer Ihr verwandten Seele

nimmt die Kriegerin gerne Lehren an.

Und manchmal kreuzen auf Meinem Weg

Seelen Meiner alten Familie,

Seelen, die mit Mir vor langen Zeiten Wege und Aufgaben planten.

Ich erkenne sie von Herz zu Herz

und an ihrem Schweigen, das zu mir spricht,

mit ihnen teile Ich gerne Meine Stille und Meine Erkenntnisse

und nehme gerne ihre an.

Und mit manch einem von ihnen gehe Ich

Meinen Weg eine Weile gemeinsam,

und wenn unsere Aufgaben getan und unsere Erfahrungen

getauscht sind, geht ein jeder wieder seinen Lernweg

frohen Herzens weiter, den anderen immer in sich tragend.

Ja, und in manchem Leben trifft die Liebende in Mir,

auf jenen, der den zweiten Teil

Ihrer unendlichen Geschichte in sich trägt,

jener, der den gleichen Herzschlag lebt.

Und mag Er sie auch nicht gleich als das erkennen,

was sie wirklich sind,

so nimmt Sie auch dies als Weisheit in sich auf,

denn Sie weiß, vertrauend auf Ihr Sein,

in allem lebt ein Sinn für Ihren Weg und Ihre Liebe

wächst trotz allem in Ihrer Stille.

Und Sie schaut aus der Entfernung zu Ihm hin,

erfreut sich an jedem Schritt,

den Er in Richtung Seiner innewohnenden Weisheit

auf Seinem Weg des Herzens geht.

Einem Weg, der sich, wenn seine Zeit kommt,

auch ohne Ihr Zutun, mit dem Ihren kreuzen wird.

Denn jeder Schritt von beiden führt sie langsam zu dem Ort,

der schon immer beider Heimat ist.

Vollkommenheit

Die Kriegerin lässt gehen, was noch nicht reif ist,

und doch bleibt Sie damit verbunden.

Sie gibt allem, das Sie liebt, Halt,

und hält doch nichts bei sich fest.

Sie geht auf Ihre eigenen Reisen,

und bleibt doch an der Seite derer, die Sie liebt.

Sie weiß, auf all Ihren Wegen wird Sie geleitet,

Ihre Intuition führt Sie durch Ihre eigene Welt der

Erfahrungen

Liebe

Aufgaben

Prüfungen

Seelenreisen,

hin zu Ihrer eigenen Vollkommenheit.

Grenzen ziehen

Die Kriegerin lebt nicht nur mit dem Blick nach außen,

Sie beachtet bei allem, was Ihr Auge sieht,

Ihre inneren Reaktionen dazu, fühlt die Resonanz.

Sie achtet auf Ihre Emotionen, liebt die Zurückgezogenheit,

und sucht öfter die Einsamkeit draußen in der Natur.

Hier fühlt Sie sich verstanden und Zuhause.

Dafür ist Sie offen für alles Menschliche,

und doch zieht Sie Ihre Grenzen …

Verletzungen … Falschheit …

Manipulationen, nimmt Sie sehr wohl wahr.

Sie schaut sie an … sucht das Gespräch dazu …

doch bleibt Sie nicht darin hängen.

Jedoch vergisst Sie solche Erfahrungen nicht.

Sie verzeiht, doch vergessen wird Sie nicht.

Sie trägt nichts nach … doch wächst Ihre Vorsicht,

da Sie immer mit offenem Herzen, also angreifbar lebt,

schützt Sie sich durch Ihre Achtsamkeit selbst.

Ich bin jene, die nie ganz Ihre Waffen ablegte

Ich bin jene, welche bisher niemals ganz Ihre Waffen ablegte,

immer bereit, für Ihre Freiheit zu kämpfen.

Immer Ihre Überzeugungen und Werte verteidigend,

wissend, dass hier noch Verletzung lauern könnte.

Fest stand Ich auf Meinem Platz im Leben,

jede Herausforderung willkommen heißend,

immer im Glanz Meiner strahlenden Rüstung.

Jene, die das Zuhause Ihrer Seele wie eine Festung verteidigte,

um bei drohender Gefahr das Tor zu Ihrem Herzen zu schließen.

Die, welche schnell die Waffen bei der Hand hatte,

um jene, die an Ihre geheime Herzenstüre pochten, zu verjagen …

und dabei einen Schatz verteidigte, von dem Sie nur ahnte,

dass er tief in Ihr verborgen schlummert.

Jene, die immer in Ihren Visionen den Einen erkannte,

der Sie freiwillig Ihr Visier öffnen ließ …

bei dem Sie sich ohne Kampf ergeben würde.

Und schon immer trug Ich den Einen in Mir,

der, genau wie Ich, irgendwann müde des Kämpfens sein wird,

der, ebenso einer Vision folgend,

Seine geheime Herzenstüre verteidigte,

und Sein Visier zu oft verschlossen hielt.

Ich bin diese träumende Kämpferin,

die tief in sich den Traum trägt,

dass zwei vom Kampf müde gewordene Krieger

Ihre Waffen gemeinsam ablegen,

und im Schatten der Bäume sitzend,

gemeinsam diese eine geheime Herzenstüre öffnen …

um dann erstaunt und glücklich festzustellen,

dass sie schon lange in den Seelen des anderen wohnten,

und alle Kämpfe nur den anderen im eigenen Herzen schützten,

bis sie gemeinsam ihre Rüstungen ablegen würden.

Sie kämpft nicht mehr

Sie kämpft nicht mehr …

nicht mehr mit sich selbst …

nicht mehr mit den Emotionen …

nicht mehr gegen Gefühle …

Sie kämpft nicht mehr …

Sie wählt den Weg des Friedens …

Sie hat Ihre Mitte, Ihren inneren Tempel wiederentdeckt …

Sie hat die Göttin in sich wiedergefunden …

Sie ist wieder zurückgekommen auf den Weg Ihrer Magie …

Sie weiß, Sie ist Ihre eigene Göttin der Liebe …

Sie muss nicht mehr kämpfen …

Sie steht da, unbewaffnet und friedlich …

Sie ergibt sich der Magie Ihres Lebens und der Liebe …

Sie ist noch immer die Kriegerin, doch Ihr Schwert ist Ihr Herz …

Sie muss nicht mehr kämpfen …

ist voller Frieden … Sie ist angekommen.

Vergessen

Sie sinnt nicht auf Rache …

In Ihr lebt das Wesen der Vergebung.

Doch bedeutet dies nicht, dass Sie alles vergisst …

Sie vergibt, aber vergisst selten.

Aus Ihren Erfahrungen bauen sich die Schritte der Zukunft auf.

Nicht vergessen ist für Sie gleichbedeutend mit Klugheit.

Manchmal sitzt Sie einfach nur still da,

und lässt Ehemaliges in Ihrem Inneren Revue passieren,

schaut es mit Abstand an und plant in schwierigen Situationen,

mithilfe der Erfahrungen Ihrer Vergangenheit,

achtsam und bedächtig Ihre nächsten Schritte.

Enttäuschungen geht Sie nicht aus dem Weg,

sie sind einer Ihrer klügsten Lehrmeister, denn

mit jeder Enttäuschung wächst Ihre Weisheit.

Sie vergibt immer aus tiefstem Herzen …

sinnt niemals auf Rache oder Vergeltung …

jedoch vergessen wird Sie nicht.

Sie kämpft nicht mehr II

Sie kämpft nicht mehr …

Sie wollte noch nie kämpfen …

Ihr Schwert hatte Sie voller Demut …

vor der Liebe kniend niedergelegt …

nur Ihr Herz darf noch sprechen …

Sie kämpft nicht mehr …

nie wieder mit einer der Waffen …

wie falsche Worte, Eifersucht, Neid, Missgunst …

in keinen Kampf geht Sie mehr … nicht den Ihren …

und schon gar nicht den Kampf anderer …

und nichts und niemand wird Ihr jemals wieder

ein Schwert in die Hand drücken.

Sie weiß, der Preis kann Einsamkeit bedeuten …

aber es ist eine gute Einsamkeit …

Sie ist selbst gewählt … mit dem Herzen und aus Liebe.

Und mag Sie für andere als Feigling scheinen,

als Narr benannt werden … Sie ist stark …

denn Sie kämpft nicht mehr …

verweigert jede unnötige Verletzung …

bei sich und anderen … dient nur der Liebe …

und Ihrem Verbündeten … Ihrem Herzen …

Hand in Hand mit Ihrem guten Gewissen …

begleitet innerer Frieden Ihre Seele.

Nein, Sie kämpft nie mehr … Sie liebt einfach nur.

Kriegerin der Liebe

Eine Kriegerin der Liebe

würde einer anderen nie

den Becher mit Gift füllen,

geschweige denn ihn reichen.

Eine Liebeskriegerin weiß genau,

um Liebe kämpft man nicht.

Eine Kriegerin weiß,

Sie kämpft für die Liebe,

deshalb ist Ihr jede Art des Lügens zuwider.

Eine Kriegerin der Liebe weiß,

wer um die Liebe kämpfen muss

ist kein Krieger der Liebe,

er ist der Feind seiner selbst.

Er kämpft so sinnlos um etwas so Wertvolles,

welches nur geschenkt eine Eroberung ist.

Erkämpft ist Liebe eine Trophäe, nur ein Pokal,

glänzend … erobert … hingestellt …

um eine Weile sein Funkeln zu bewundern …
ein gefühlloses Nichts, was mit der Zeit verstaubt,
und irgendwann, sein Funkeln verlierend, veraltet.

Sie will keine Trophäen bewundern,
sie aufreihen auf einem goldenen Regal …
Sie will im Herzen fühlen und spüren,
will um Worte kämpfen müssen,
um zu beschreiben, was nicht zu beschreiben ist.
Sie will sich selbstsicher erobern lassen,
von jenem, der nicht die Eroberung,
sondern nur Ihr Herz sucht und ehrt.

Deshalb geht Sie solchen Kämpfen aus dem Weg,
weil man wahre Liebe nicht erkämpfen kann …
weil unendliche Liebe erobert,
während sie sich selbst erobern lässt.

Mag man Sie als feige benennen …

Sie alleine weiß um den Frieden in Ihrem Herzen …

Sie alleine lebt im sicheren Glauben Ihrer Liebe …

Sie alleine weiß, wer den Giftbecher reicht,

der vergiftet nur sein eigenes Herz …

der besiegelt damit seine eigene innere Einsamkeit.

Sie geht weiter Ihren Weg des Lichtes,

wissend, dass wahre Liebe Ihr folgen wird.

Ohne Kampf und Waffen folgt Sie jener Spur Ihrer Liebe …

Wissend, dass der wahre Krieger Ihres Herzens Ihrem Schein folgt,

und Sie sich gegenseitig Ihr Herz schenkend erobern werden.

Schweigen

Eine Kriegerin des Herzens wird

Schweigen nie als Waffe benutzen,

als Schwert mit tödlicher Klinge.

Ihr Schweigen wird immer

dem Herzen entspringen, wissend,

dass jede jetzt gegebene Antwort

ein schärferes Schwert wäre,

und tiefere Wunden schlagen würde,

als der Speer des Schweigens es je könnte.

Keine Vergleiche

Eine Kriegerin vergleicht sich nicht,

Sie weiß, Sie ist einzig nur Sie selbst.

Sie braucht keine Vorbilder,

um sich selbst zu erkennen,

keine Spiegel vorgehalten von anderen,

die selbst den Blick in den Spiegel scheuen.

Sie lässt sich von Ihrem Leben formen.

Sie strebt nicht nach falschen Göttern,

und Auszeichnungen für Ihr Sein.

Sie folgt den uralten Pfaden,

die tief in Ihr verwurzelt sind,

Sie trägt keine Opfergaben

zu Altären der Allgemeinheit.

Ihre Opfergaben sind

Ihre Liebe zum Leben,

die Achtung vor allem, was ist,

Ihre Kommunikation mit Tier und Natur,

Ihre Verehrung für die Zeichen auf Ihrem Weg,

Ihre Liebe zur Stille in sich selbst.

Ihr Glaube lebt in jedem Ihrer Schritte,

Ihre Liebe lebt zu allem, was ist.

Nein, Sie muss sich nicht vergleichen,

Sie lebt auf jedem Ihrer Pfade

die Liebe und einfach sich selbst.

Die Vielfalt des Lebens

Die Kriegerin lebt Ihre Wahrheit …

eine Wahrheit, die nur für Sie gilt …

Sie zwängt diese niemandem als einzig lebenswerte Weise auf

oder fördert sich damit eine Gefolgschaft.

Sie fordert niemanden auf, Ihrem Pfad zu folgen,

sondern ermutigt dazu, eigene Wege zu finden.

Sie verurteilt nie jemanden, der einen anderen Weg bevorzugt …

denn Ihr ist bewusst, dass verschiedenartige Wege

zu wundervollen Zielen führen können.

Eine Kriegerin des Herzen würde niemals

Menschen aus Ihrem Leben drängen,

die nicht mit Ihrer Meinung konform gehen.

Gerade die Unterschiedlichkeit liebt und schätzt Sie sehr,

denn aus dieser Verschiedenheit heraus

entwickelt sich Ihr Weltblick weiter.

Aus der Vielfalt des Lebens heraus,

erwächst Ihr Ihre Einzigartigkeit.

Ängste

Auch eine Kriegerin zweifelt manchmal an dem, was Sie tut,

doch verlässt Sie sich trotz allem immer auf Ihre Intuition,

wohlwissend, dass gerade der Weg durch die

Zweifel … Hemmungen … und Ihre eigenen Ängste

Ihr bester Lehrmeister ist.

Da, wo Ihre Zweifel erwachen,

Ihre Ängste anhalten möchten,

Ihre Hemmungen Steine in den Weg werfen,

genau da geht Sie mutig los,

denn nur auf diesen Wegen

kann Sie die inneren Dämonen besiegen …

nur mit den Schritten des Mutes

wird Ihre Persönlichkeit geformt und geschliffen.

Auf wundersamen Wegen

Die Kriegerin ist stets auf Wanderschaft,

folgt dem inneren Ruf Ihrer Seele,

lässt sich leiten von den Spuren der Liebe.

Sie ist im ständigen Wandel,

verändert sich mit den Wegen, die Sie geht.

Sie muss nirgends ankommen,

weil Sie nach keinem Ziel sucht,

da Ihre Reise selbst das Ankommen ist.

Daher ist Sie immer genau da,

wo Sie gerade steht, an Ihrem Ziel.

Sie sucht nicht die

Normen,

Vorschriften,

allgemeine Weisheiten,

weil Sie sich wie ein Chamäleon

in die Veränderungen des Lebens hineinwebt.

Sie sucht nicht nach dem Außergewöhnlichen,

da sich Ihr in jeder Sekunde neue Wunder auftun,

denn Sie findet die Großartigkeit des Lebens

in den kleinsten Dingen des Seins.

Schaut mit dem Herzen in kleinste Winkel,

fühlt mit der Seele den Glanz im Schatten.

Und so zeigt Ihr das ganze Leben

auf Ihrer Wanderschaft alle Facetten des Daseins,

und erschließt Ihr so Wunder über Wunder.

Frieden

Die Kriegerin weiß,

wenn in Ihr Frieden ist,

kann Sie Frieden bringen.

Sie weiß genau,

nicht jeder stimmt Ihrer Art zu,

und doch bleibt bei jedem,

den Sie auf Ihrem Weg trifft,

ein kleines Leuchten von Ihr zurück,

ein Samenkorn, welches mit der Zeit

unbemerkt ins Licht drängt.

Sie weiß um Ihre Rolle als Lichtbringer,

und sorgt dafür, dass Ihr eigenes Licht

durch Ihre Lebensart immer leuchtet.

Die Wege der Kriegerin sind vielfältig

und tragen weitbekannte Namen …

einer davon nennt sich Achtsamkeit …

diesen Weg lebt Sie mit all Ihrem Sein.

Sie geht mit bedächtigen Schritten,

spürt mit jedem Schritt Mutter Erde.

Sie atmet bewusst und wissend,

dass jeder Atemzug Ihr das Dasein schenkt.

Sie lauscht den Seelen, die Ihr begegnen,

und urteilt nicht über Fehler anderer,

denn es sind deren Fehler und Lernaufgaben.

Mit dieser Ihr eigenen Achtsamkeit,

lässt Sie Ihr Licht in den Herzen zurück.

Innenschau

Manchmal da ist er einsam …

der Weg der Herzkriegerin.

Doch ist es eine gute, heilsame Einsamkeit …

ein selbst gewähltes mit sich alleine Sein.

Manchmal da sucht Sie einfach nur Ruhe,

von all dem bunten Lärm der Welt.

Eine gute, heilende und umarmende Stille,

in der nur Ihre Gefühle reden,

und Sie lauscht ihnen bedächtig,

sind sie doch Ihre Navigation durchs Leben.

Ja, manchmal sucht Sie die Stille in sich selbst,

das beruhigende Gespräch mit Ihrer Seele,

und Sie lernt von den deutlichen Antworten,

lauscht dem Tanz der Emotionen,

fühlt den leeren Räumen in sich nach,

schmiegt sich in das Echo Ihrer Seelenmelodie,

lässt sich umarmen von der Ihr innewohnenden Liebe.

Sie lauscht der inneren Melodie Ihrer Element,

tanzt den Tanz des Feuers in sich,

lässt sich von den Wogen Ihrer Emotionen tragen,

verbindet sich mit der Ihr innewohnenden Magie,

und lauscht dem Flüstern Ihres inneren Sturmes.

Und dort, tief in sich selbst verborgen,

erkennt Sie die Ordnung aller Dinge …

fühlt, dass dies, was in Ihren Tiefen lebt,

jenes ist, was im Außen erwachen darf.

Dort in Ihren Katakomben der Seele,

warten alle Antworten auf Ihre Lebensfragen,

dort liegt der Ursprung all dessen,

was Sie als Geschenk ins Leben weben darf.

Die wahre Kriegerin

Die wahre Kriegerin des Herzens

kümmert sich nicht darum, was über Sie erzählt wird.

Sie nimmt dieses zur Kenntnis und vergisst es dann wieder …

denn sie weiß, was, wer und wie Sie ist,

wie Sie fühlt und liebt … Sie kennt und lebt Ihre Wahrheit …

alles andere zählt für Sie nicht.

Sie widerspricht den falschen Worten anderer nicht

und nimmt dazu auch keine Stellungnahme ein …

Sie lässt einfach reden … wissend, dass jene, die übel reden,

selbst einmal von anderen mit solchen Worten bedacht werden …

denn das Universum handelt gerecht zu einem jeden.

Sie ist aber auch voller Mitleid mit demjenigen,

da Sie weiß, dass solche Aktionen gegen andere

aus einer mangelnden Selbstliebe entspringen.

Denn wer sich selbst liebt, weiß, was Ich anderen antue,

dies schmerzt auch irgendwann Meine Seele, denn alles ist eins.

Und Menschen, denen es so an Selbstliebe mangelt,

dass sie andere Menschen kleiner machen wollen,

tun Ihr im Herzen und der Seele leid,

deshalb schickt Sie nur lichtvolle Gedanken zurück,

geht dann wieder Ihrer Wege … und beachtet es nicht mehr weiter.

Sie lässt den anderen ihre Reden, da Sie weiß,

dass diese Menschen wohl genau hier etwas zu lernen haben,

Sie wird sie bei ihrer Lernaufgabe jedoch nicht stören …

im Gegenteil, Sie lässt sie ins Leere laufen,

indem Sie unwahre Worte an sich abprallen lässt,

wie ein Ball, der zu fest aufkommt wieder zurückprallt,

werden auch die Lüge und das Gerede

zu gegebener Zeit auf den anderen zurückkommen,

und zwar in der Form, dass derjenige es

als Lernaufgabe verstehen muss.

Sie weiß auch, dass die Menschen, welche Sie

tief in Ihrem Herzen trägt,

die Wahrheit erkennen oder erkennen werden.

Jene, die den Worten anderer Glauben schenken,

kann Sie gelassen des Weges gehen lassen.

Sie muss nur an sich selbst glauben, selbst fühlen,

dass Sie Ihre Wahrheit lebt, und so strahlt Sie Ihr wahres Sein,

ganz ohne Worte, weit in die Herzen Ihrer Seelenmenschen.

Die wahre Kriegerin der Liebe

lässt solche Intrigen mit einem Schmunzeln an sich abprallen,

da Sie selbst Ihre Wahrheit in Ihrem Inneren erkennt

und im Äußeren lebt,

und kümmert sich dann wieder gelassen und voller Liebe

um Ihren Pfad und Ihre Seele.

Weitergehen

Manchmal ist Sie sehr müde

von all den Wirren, die hinter Ihr liegen,

von den emotionalen Kämpfen um Sie herum.

Doch Sie geht immer weiter voran,

denn nur wenn Sie mit dem Leben fließt,

bleibt Sie auf Ihrem Lebensweg.

Sie ist sich gewiss, dass Sie, nur wenn Sie sich

von Ihrer Intuition leiten lässt

und dem Ruf des Herzens folgt,

jenem Punkt auf Ihrer Route zusteuert,

an dem Sie sich vor Urzeiten verabredet hat,

ab dort einen gemeinsamen Weg zu beginnen.

Die Kriegerin in mir

Die Kriegerin in mir sucht sich Ihren eigenen Weg …

Sie wartet nicht auf etwas und lässt derweil

Ihr Leben sinnlos vergehen.

Sie trägt das Wissen in sich, dass alles zu seiner Zeit geschieht.

In Ihr ist der Glaube an diese eine Liebe zutiefst verankert,

und Sie weiß, um Liebe kämpft man nicht,

und der Liebe läuft man nicht hinterher …

und man bleibt für die Liebe nicht auf der Stelle stehen …

sondern Sie geht Ihren Weg in der Ihr eigenen Ruhe,

Sicherheit und Gelassenheit,

immer Schritt um Schritt, so, wie sich der Weg vor Ihr auftut,

so nimmt Sie ihn an,

mit allen Herausforderungen und all den Gefühlen,

die in Ihr kämpfen.

Sie trägt Ihre Würde wie eine wehende Fahne vor sich her …

und Ihren Stolz, nur für die Liebe zu leben,

aber sich nicht dafür aufzugeben …

nur auf Ihr Herz zu hören, nicht auf Weisheiten anderer,
die eben nur für andere passend sind
und Sie nur von Ihrem Weg abbringen würden.
Und Ihr Selbstbewusstsein, Ihre Gefühle auszuleben,
sich nicht für Ihre Tränen zu schämen,
und die schwachen Momente, die Sie manchmal hat,
nimmt Sie dankbar an …
Denn gerade aus ihnen schöpft Sie Ihre Kraft,
da sie zu Ruhepausen einladen.
Sie weiß auch, dass die größten Kämpfe
in Ihrem Inneren stattfinden,
diese Kämpfe zwischen Sehnsucht zum Stehenbleiben
und dem Wunsch weiterzugehen.
Und doch steht Sie nach jeder Rast wieder auf
und geht mit leuchtenden Augen weiter …
denn Sie weiß … die Liebe, wenn ihre Zeit reif ist,
steht plötzlich mitten auf Ihren Pfaden.

Abwenden und gehen

Eine Kriegerin des Herzens

ist sehr sanftmütig

bedächtig

empathisch

einfühlsam

doch auch

eisern im Willen

geradlinig auf Ihrem Weg,

so stark sich selbst gegenüber,

auch Ihre Schwächen zu leben,

beobachtet Sie kritisch Ihr eigenes Ich,

ohne sich zu verurteilen.

Sie liebt um der Liebe Willen,

nicht um zurückgeliebt zu werden,

denn da, wo Sie liebt,

da ist die Liebe einfach da.

Doch lässt Sie Ihre Gefühle nicht benutzen,

wer mit Ihr spielen will, lernt

Ihre Ignoranz

Ihren Rückzug

und Ihr Schweigen kennen.

Sie wird Ihre Verletzungen pflegen,

und trägt die bleibenden Narben mit Würde.

Doch wird Sie sich auch abwenden,

um Ihren ursprünglichen Weg wiederzufinden.

Gehen lassen

Die Kriegerin

kämpft nicht

darum,

etwas

festzuhalten.

Sie weiß,

der

wahre Sieg

liegt darin,

gehen

zu lassen,

was nicht

bleiben will.

Magie

Sie vertraut der Ihr innewohnenden Magie,

Sie weiß, dass Sie mithilfe dieser

Ihre Träume ins Leben tragen kann.

Sie betrachtet Ihr Dasein nicht als reine Existenz,

sondern als ein Fließen im Strom des Lebens.

Ihren Träumen schenkt Sie viel Vertrauen,

weiß Sie doch, dass Phantasien im Grunde nur

das sind, was tief in Ihr lebt und real werden will.

Sie vertraut der Sehnsucht Ihres Herzen,

welches überall Schönheit und Liebe findet.

Eine Herzkriegerin muss nicht mehr tun,

als einfach Ihrem Leben zu vertrauen.

Genau dies ist Ihre tiefe Magie.

Narben

Und jede ihrer Narben trägt die Kriegerin mit Stolz,

denn eine jede birgt die Kraft vergangener Kämpfe in sich,

eine jede zeugt von einem Sieg in vergangenen Zeiten,

Siege über sich selbst und Siege über Gefühle wie

Hass ~ Missgunst ~ Neid ~ Eifersucht ~ Rache.

Da gibt es die großen Narben, geschlagen von der Liebe,

und viele kleine der zwischenmenschlichen Enttäuschungen.

Auch Sie erlebt Enttäuschungen wie jeder andere auch,

nur hält Sie sich nicht darin auf,

denn Ihr ist bewusst, ein jeder fühlt anders,

ein jeder hat seine Landschaft der Verletzungen.

Wenn sich eine Kriegerin Ihre Narben beschaut,

wird Ihr klar, warum Sie immer nur Ihren Weg ging.

Eben weil Sie all diese Zeugen der Zeit

so bewusst und sichtbar in sich trägt,

behandelt Sie jeden Menschen mit Ehrfurcht,

weil ein jeder seine eigenen Wunden zu tragen hat.

So viele Namen

So viele Namen trug ich schon für dich.

Leben um Leben erklang ein neuer Name für mich,

und doch trage ich von Beginn an nur den einen,

es ist jener der tief in deiner Seele schwingt,

der Name der dem deinen Vollkommenheit verleiht,

den Du nur in deinen Gefühlen verstehen kannst.

Er klingt und vibriert und tanzt in deinen Tiefen

Wann immer Du ihn fühlst spürst Du mein Seele.

Wann immer Du ihn in deinen Herzschlägen klingen hörst,

weißt Du ich bin bei Dir … in Dir … mit Dir.

So wie das gleiche Feuer in uns brennt,

so gleich klingt unser Name,

welcher in unsere Herzen geschrieben,

und auf die Seele tätowiert ist.

Es ist der gleiche Takt unserer Herzen,

der mit jedem Schlag diesem Namen Leben verleiht.

Sie kommt still in dein Leben

Sie kommt still in dein Dasein,

zeigt dir wortlos die Schönheiten des Lebens,

hört dir schweigend doch verstehend zu,

Du wirst die Liebe in Ihren Worten

und Taten und auch in Ihrem Stillesein fühlen.

Sie liebt Menschen auf Ihre eigene Art,

Aussehen,

Status,

Materielles,

Ansehen,

weltliche Erfolge,

interessieren Sie nicht.

Sie sieht dich als das was Du bist,

fühlt die Liebe die tief in dir lebt,

erkennt die Wahrheit hinter deiner Maske,

wird deine versteckten Narben streicheln,

um dir Mut zur Heilung zu geben.

Sie geht ein Stück weit der Weges mit dir,

trägt Ihre Liebe zu allem in dein Leben hinein.

An jedem Fort(Schritt) den Du erlebst,

wird sie sich mitfreuen, ohne dir zu schmeicheln.

Und immer wird Sie an deinen Schritten mitlernen,

wird ihre Freude an deiner Entwicklung,

auch mit ihrem Pfad verbinden.

Wenn Sie spürt, dass Du deine Wege alleine findest,

Du erkannt hast, was zu dir gehört, wohin Du willst,

wird die Kriegerin dein Leben so leise verlassen,

wie Sie es einst betreten hatte.

2

DER KRIEGER

Liebe kämpft nicht

Der Krieger fragt sich immer …

wozu soll Ich kämpfen: um Gefühle ~ Liebe ~ Zuwendung?

Alles Erkämpfte trägt den Geruch des Ergebens in sich …

den Klang des Besiegtseins … Den Duft der Rekapitulation.

Ich aber möchte lieben der Liebe wegen …

geliebt werden um Meiner Seele willen.

Was soll Ich mit einer Liebe, die nach Angst klingt?

Das Leben gibt mir freiwillig …

Ja, und gerade da, wo Mein Auge sich verschließt …

Dort, wo Ich mit Gefühlen sehe,

erkenne Ich, wer sich Mir freiwillig schenkt …

Mit dem Stolz der Liebe und ohne gebeugten Rücken.

Denn wer sich Mir im Kampf ergibt,

kommt nicht aus freiem Herzen zu Mir …

doch nur ein freies Herz kann wahrhaft lieben.

Wozu also sollte Ich um Liebe kämpfen?

Zeit des Erwachens

Auch ein Krieger des Herzens trägt Narben …

sie reihen sich wie eine bunte Landschaft

durch Seine Seele … Zeichen an Zeichen

malen sie ein Bild Seiner Selbst.

Doch sind sie nicht verhärtet,

denn zwischen jeder Narbe schimmert

die Sanftheit Seiner Seele.

Auch ein Krieger hat im Laufe des Lebens

Mauern um Sein Herz erbaut,

doch schien die Liebe, die Er in sich trägt,

immer durch die Fugen und Ritzen,

und ließ seine Schutzwälle im Laufe

Seiner Lebenszeiten zerbröckeln und zu Staub verfallen.

Von Leben zu Leben lernte Er, Sein Herz zu öffnen,

Seinen Geist zu formen, Seine Seele zu verstehen,

um nun in dieser neuen Zeit des Erwachens,

einzig den Weg der Liebe zu gehen.

Von Anfang an

Der Krieger des Herzens

wird meist in ein Leben geboren,

welches Ihn von Anfang an aufordert,

Seine eigenen Entscheidungen zu treffen.

Schon sehr früh lernt Er, aus sich selbst heraus

Seine Pfade zu erkennen und zu gehen.

Man mag Ihn als schwererziehbares

oder sonderbares Kind bezeichnet haben

und viele Seiner frühen Entscheidungen ließen Ihn

Bestrafungen oder Missachtung erleben …

und doch, Er blieb schon immer sich selbst treu.

Sein Weg war oft steinig und hart,

einzig um Sein Herz weich werden zu lassen.

Wie magisch zog er Enttäuschungen an,

nur um Ihn zu lehren, was wirklich von Belang ist.

Und so ging Er von jungen Jahren an

meist den schwierigen Weg der Selbstbestimmung,

an dessen Ende das Erkennen Seiner Selbst,

Liebe, Verständnis, Achtsamkeit

und Seine persönliche Freiheit warteten.

Für seine Kriegerin

Vor sehr langer Zeit schon,

hast Du mir all deine Worte für mich

auf die Haut geschrieben.

Voller Gefühl hast Du mit der Feder der Liebe,

jeden Zentimeter meines Selbst,

in deiner Sprache tätowiert.

Und so gibt es schon seit Anbeginn,

in meiner Seele nicht ein Fleckchen,

welches mir nicht von Dir erzählen könnte.

Sich wiederfinden

Und dann lässt Er alles gehen,

lässt sein, was sein möchte.

Und Er schaut tief in Sein Herz

und findet, was Er immer begehrte,

tief in Seinem eigenen Sein,

hinter Mauern aus Schmerz

und dem Staub alter Tage,

verborgen zwischen

ungeweinten Tränen,

gräbt Er sich durch alten Ballast,

räumt alles an Zweifeln

und Zögern beiseite,

gräbt sich durch Seine Erinnerungen

und räumt Stück um Stück alles frei,

was nie wirklich zu Ihm gehörte.

Er befreit sich von

Forderungen …

Schuldgefühlen …

Vorwürfen …

fremden Lasten …

während Er den Schutt

der Vergangenheit beiseiteräumt,

fällt so vieles von Ihm ab,

lässt Ihn wieder aufrecht stehen,

ohne das Beugen fremder Forderungen.

Und Er findet am Ende

sich selbst wieder …

der Krieger des Herzens

ist wieder in Ihm erwacht …

Vergangenheit

Ein Krieger weiß, was geschehen ist,

kann nicht mehr geändert werden.

Er bleibt nicht in Vergangenem hängen.

Und doch besucht Er gewesene Zeiten,

versucht nicht, wie so viele andere,

verdrängen zu wollen, was war.

Hört nicht auf den Ratschlag

zu vergessen, was Teil von Ihm ist.

Denn dort, in der Zeit hinter Ihm,

findet Er so wertvolle Dinge wie …

Weisheit ~ Einsichten ~ Erkennen ~

Bestätigung … richtig gehandelt zu haben.

Egal, was damals war,

was auch immer Er getan hat,

es war ein Stück Seines Weges …

war Wegweiser und Lehrmeister.

Alles, was Er tat, war richtig für IHN.

Leere Versprechen

Ein Krieger des Herzens gibt keine Versprechen,

die Er nicht einhalten kann.

Er macht keine Hoffnungen, wo Er selbst Zweifel in sich trägt.

Er spricht keine schönen Worte, nur um an ein Ziel zu gelangen.

Es spricht wahrhaft und direkt, so, wie Er es gerade fühlt.

Er weiß, schöne Worte sind leere Hüllen,

die ein Feuerwerk der Gefühle zaubern,

aber nichteingehalten zu Kanonenschlägen

im Herzen des anderen werden können.

Der Krieger weiß, wie viel Schmerz

leere Versprechen gebären können,

und Er lebt in dem Bewusstsein des

Alles ist Eins … Alles ist miteinander verbunden.

Ihm ist sehr wohl bewusst, wenn Er einen anderen verletzt,

schadet Er am meisten Seiner eigenen Seele.

Der Krieger des Herzens

Der Krieger des Herzens weiß, Er darf

leiden

weinen

kampflos aufgeben.

Er musst nicht vor Stärke leuchten,

sondern aus dem Herzen heraus.

Er weiß, Er darf auch mal am Boden liegend

jammern

toben

weinen,

denn da unten am Boden,

an dem Ort, den die vermeintlich Starken vermeiden,

da unten liegt die Quelle Seiner Kraft.

Dort unten, in der schützenden Umarmung

von Mutter Erde, fließt Seine Stärke in Ihn zurück.

Dort, wo Er Haut an Haut mit ihr verbunden ist,

und mit all Seinen Urkräften ruhen kann,

eingebunden in den Pulsschlag der Erde,

da können Seine Wunden heilen …

Wenn Er dann wieder aufsteht,

geht Er in Seiner eigenen Geschwindigkeit,

gelassen

zufrieden

geerdet

voller Liebe

und Energie

Seine Herzenswege weiter.

Ein Krieger lässt sich von der Liebe führen

Der Krieger des Herzens geht Seinen Weg,

immer der Intuition und dem Herzen folgend.

Manchmal trifft Er auf Plätze oder Herzen,

die Ihn zu einer Rast einladen,

zum Verweilen,

zum Fühlen,

zum Lernen,

zum Lieben.

Aber immer geht Er Seinen Weg weiter.

Er bleibt nicht stehen, um zu warten,

denn tief in Ihm lebt das Wissen,

dass Er immer zur rechten Zeit weiterzieht,

um zur nächsten Station Seines Lebens zu gelangen.

Ihn leitet eine uralte Sehnsucht nach etwas,

das tief in Seinem Herzen verborgen liegt,

ein Gefühl, welches mit Seinen Lebensjahren

zu einer Gewissheit in Ihm wiedererwacht.

All Seine Wege führen immer nur zu sich selbst.

Er braucht keine

Anleitungen

Vorschriften

Wissen von anderen.

Alles, was für Ihn wichtig ist,

offenbart sich Ihm beim Weitergehen.

Alles, was Ihn wahrhaft wachsen lässt,

findet sich auf Seinen Pfaden …

Auf Pfaden, die manches Mal

einsam

verworren

seltsam

voller Hürden und Dornen auf Ihn warten …

und doch … Er geht sie, diese einsamen Pfade

des Lernens und Wachsens, und mit jedem Schritt

wächst Seine Liebe zu allem, was ist …

aber auch die Sehnsucht nach dieser einen Liebe.

Diese tiefe Liebe, die Ihn immer anleitet und antreibt.

So führt Ihn auch der unerschütterliche Glaube an,

dass Seine Kriegerin Ihrer beider innerem Ruf folgend,

zur rechten Zeit auf einem dieser Wege,

suchend nach Ihm, den Seinen kreuzen

und gemeinsam mit Ihm weitergehen wird.

Die Träume des Kriegers

Ein Krieger des Herzens träumt … Er träumt sehr viel …

denn Er weiß, nur dies, was Er träumt,

kann Er auch ins Leben tragen.

Im Laufe Seiner Reise lebt Er mit jedem Schritt

in Seine Visionen hinein.

Er lässt sich nicht ~ beirren ~ ablenken

oder verleiten, Seine Träume aufzugeben.

Ihm ist deutlich bewusst,

dass dies, was andere Ihm ausreden wollen,

genau das ist, was ihnen Angst macht,

und heftig an ihrem Weltgefüge rüttelt,

ihnen vor Augen führt,

dass es keine allgemeingültige Wahrheit gibt.

Und mit jedem Widerstand, der Ihm begegnet,

haucht Er Seinen Träumen nur mehr Leben ein

und lebt Sie so in die Realität …

in Seine eigene Wahrheit hinein.

Spiegelungen?

Der Krieger vergleicht sich nicht,

eifert keinem Vorbild nach,

Er lebt sich aus sich selbst heraus.

Er liebt und leidet,

ist voller Freude oder Trauer,

doch kämpft Er niemals gegen Seine Gefühle,

Er lebt sie

Authentisch

Original

Hingebend

und annehmend,

wie sie gerade erscheinen …

einfach Er selbst, in all Seiner Essenz.

Ein Krieger des Herzens

sucht im Gegenüber keinen Spiegel,

sondern sieht, was diese Seele ausmacht,

und erkennt, dass jeder für sich wertvoll ist

und keinerlei Spiegelung bedarf.

Er verlässt sich nicht nur auf Seine Augen,

Er schaut mit Gefühl und dem Herzen.

Ein Krieger handelt mit dem Schwert der Liebe,

ein Schwert, mit starker Hand geführt

und mit dem Herzen gelenkt.

Eine Waffe, die nicht verletzt,

sondern erwachen und reifen lässt.

Seine Waffe ist einzig Sein Herz.

Einen Krieger erkennen

Du erkennst einen Krieger des Herzens daran,

dass Er außerhalb der Masse geht,

dass Ihn wohltuende Stille ebenso umgibt,

wie auch ein Feuer der Begeisterung.

An einem Funkeln in den Augen,

welches einem bewegten Sternenhimmel gleicht.

Am Schalk, der aus jeder Regung Seiner Mimik blinzelt,

denn ein Krieger nimmt zwar Seine Wege ernst,

aber nichts kann für Ihn so ernst sein,

dass Er die Freuden des Lachens vergisst …

an diesem stillen Lächeln,

welches immer über Seinen Zügen liegt,

und zeigt, wie sehr Er in sich selbst ruht …

an Seinem schweigenden Zuhören …

mit dem Er auch Deine stummen Worte vernimmt.

Du erkennst Ihn auch daran,

dass Er Dir keine Ratschläge gibt,

sondern Dich stillschweigend einlädt,

Ihn ein Stück weit Seines Weges zu begleiten.

Er wird Dir ohne Worte, nur durch Seine Art

des Gehens,

Seiner Art zu schauen,

Seiner Handlungen,

des bedachten Redens

und des wohltuenden Schweigens

all die Wunder des Lebens offenbaren.

Wenn Du einem Krieger des Herzens begegnet bist,

wirst Du eine neue Art des Sehens und Fühlens spüren,

wenn sich eure Wege wieder trennen,

wirst Du Ihn immer im Herzen mittragen,

denn Sein Weg hat Dich auf den Deinen geführt.

Das Herz des Kriegers

Das Herz eines Kriegers

wurde schon sehr oft verletzt,

es trägt Narbe an Narbe

als Zeichen seiner

Verwundbarkeit

Offenheit

Liebesfähigkeit.

Die Seele des Kriegers

ist eine Geschichte voller

Schmerz

Liebe

Fehlern

Lernen

Fühlen.

Sein wahres Schlachtfeld sind Seine

Gefühle

Liebe

Sehnsucht,

dort, auf diesen Ebenen führte Er Kämpfe,

um doch am Ende zu lernen,

dass Er nicht kämpfen muss.

Leben um Leben trug Er den Schmerz,

die Liebe und das Leid mit sich.

Nun ist es an der Zeit für den Krieger

zu erkennen, dass Er

Schmerz

Scham

Vorschriften

Leiden

gehen lassen darf.

In jedem Dasein formte Ihn sein Leid

zu dem, der Er nun ist … einfach Liebe.

Und jede Neugeburt brachte Ihn

ein Stück näher zu der Erkenntnis,

dass Liebe keinem Kampf bedarf.

Er hat erfahren, dass Lieben bedeutet,

sich dieser Kraft des Herzens …

dieser Sehnsucht der Seele …

dieser einen wahren Liebe

und seiner verdienten Schwäche

einfach kampflos und vertrauensvoll zu ergeben.

Vergangenheit

Ein Krieger des Herzens

lebt nicht in der Vergangenheit,

verliert sich nicht in Gewesenem.

Er weiß, alles, was vergangen ist,

wurde ein Teil Seiner Selbst.

Er muss nichts nachtrauern, was in Ihm lebt.

Ein Krieger des Herzen

hat die einfache Wahrheit erkannt, dass Er

Vergangenheit

Gegenwart

Zukunft ist.

Er ist in jedem Moment Er selbst.

Er trauert nichts nach,

weil alles in Seiner Seele lebt.

Er sucht nicht nach Seinem Weg,

denn Er trägt ihn in sich,

indem er Seine Schritte intuitiv geht,

erschließt sich Ihm Sein ganz eigener Weg.

Ein Pfad, der nur durch all dies,

was Seine Vergangenheit ihm gab,

den Weg in die Gegenwart fand,

um Seine Schritte in Seine Zukunft zu führen.

Der richtige Ort

Der Krieger weiß, Er ist immer genau da,

wo Er gerade sein muss.

Er weiß, jede Minuten ist die richtige für Ihn.

Jede Sekunde, die Er einatmet,

ist auch ein Schritt auf Seinem Lebensweg.

Er nimmt die Wege, wie sie Ihn einladen …

Denn in Ihm lebt die Wahrheit,

dass auch ein Gehen in die falsche Richtung

wertvolle Erfahrungen in sich birgt.

Dort, wo Er gerade steht, dort atmet Er Sein Leben ein.

Dort, wo Er gerade verweilt, dort ist der richtige Ort.

Innere Einkehr

Wenn die Welt Ihm zu laut wird,

zieht der Krieger sich zurück,

findet sich bei sich selbst wieder.

Er braucht Phasen der Stille,

mit sich selbst, und innere Einkehr

wie die Luft zum Atmen.

Es sind die Zeiten, in denen Er schweigt,

und nur auf die Stimmen im Inneren lauscht.

Es sind die Zeiten, in denen Er einfach nur ist,

von innen heraus auf die Welt schaut,

ohne Wertung einfach nur schaut,

um dann mit neuen Weisheiten

Seiner Selbst wieder in die

Geräusche der Welt zu tauchen.

Der Berg

Ein Krieger des Herzens fließt mit dem Leben …

Er lässt sich in Seinem Dasein führen …

und Er weiß, es geht nicht immer gemütlich voran …

Es gibt

Umwege

Hindernisse

Kreuzungen

Irrwege.

Es geht mal gemütlich bergab,

aber auch hin und wieder bergauf.

Steht Er vor einem Berg,

so verzweifelt Er nicht,

sondern setzt einen Schritt um den anderen,

und geht einfach los …

langsam

fühlend

aufmerksam

achtsam.

Er steht nicht vor dem Berg

und verzweifelt an dessen Höhe,

denn Er weiß, wenn Er vertrauensvoll losgeht,

wird Er beim Anstieg selbst zum Berg.

Er verzweifelt nicht vor dem steilen Aufstieg,

sondern fiebert der grandiosen Aussicht entgegen.

Fragen und Antworten

Wer einmal einem Krieger des Herzens

begegnete, der weiß,

dass es nicht auf jede Frage eine Antwort gibt.

Der Krieger schweigt,

sofern Er nichts zu antworten hat.

Er weiß, nicht für jede Frage

ist die Antwort schon geboren,

manche Fragen müssen

reifen wie eine Frucht am Baum,

wenn ihr Reifezeit da ist,

fällt die Antwort von alleine ins Leben.

Neue Ufer

Er begegnet anderen immer auf Augenhöhe …

Er muss sich und der Welt nichts beweisen …

weicht üblichen Machtspielchen aus …

denn Er lebt in Seiner eigenen Stärke.

Seine Ziele verfolgt Er konstant,

in Seiner eigenen Geschwindigkeit,

jedoch nie stur daran festhaltend.

Manch gewählten Weg unterbricht Er auch,

wenn der Ruf Seiner Seele flüsternd in Ihm erklingt,

erkundet der Krieger immer neue Pfade,

lässt sich von Seinen Stimmen führen,

und erkundet offenen Herzens neue Ufer.

Um am Ende sagen zu können: „Ich lebte Mein Leben."

Neubeginn

Für einen Krieger ist nicht jeder Tag

der Tag, an dem Er neu beginnen kann,

sondern jeder einzelne Moment.

Er sieht Sein Leben als großes Ganzes,

als eine Einheit all Seines Seins.

Er braucht keinen neugeborenen Tag,

um zu wissen, dass ein Neubeginn möglich ist.

Sein Leben ist ein einziger Neubeginn,

da Er weiß, dass kein Moment dem anderen gleicht,

keine Begebenheit nochmals so geboren wird,

und Zeit sich in ihrem Fließen nicht halten lässt.

Das Leben des Kriegers ist ein andauernder Wandel,

ein beständiges Neuerkennen dessen, was ist,

Tag und Nacht bedeuten für Ihn nicht nur

die Neugeburt eines neuen Tages,

sondern sind ein fließendes Dasein.

Was Er mitnimmt in die Nacht,

erwacht verwandelt mit Ihm am Morgen.

Er denkt nicht in Gestern - Heute und Morgen,

Er denkt im Moment und sieht doch das Ganze,

denn nur der Moment ist greifbar, ist real,

ist Leben, Fortschritt und Wandlung.

Und diesen Moment lebt Er intensiv,

von einem zum anderen Atemzug …

lebt Er einfach nur Sein Leben.

Der Ruf der Liebe

Ein Krieger folgt dem Ruf der Liebe,

wo immer Er geht, wo immer Er rastet,

zeigt sie sich Seinen wachen Sinnen

in den möglichsten Formen.

Auf der Wanderschaft begegnet

Er der Vielfältigkeit der Liebe,

selbst an dunkelsten Orten.

Sei es der Blick eines Tieres,

welches Sein Herz zutiefst berührt,

das Pflänzchen, dessen Liebe zum Sein

Ihm Kraft gibt durch Asphalt zu brechen,

das Kommen und Vergehen der Natur,

die sich in kalten Zeiten in den Tiefschlaf legt,

um mit neuer Kraft immer wieder zu erwachen,

die Liebe des Universums zu Ihm,

welches Ihm Schutz gibt und Kraft,

und die Liebe, die Er in jedem Menschen fühlt,

denn er blickt auch hinter die Masken.

Überall fühlt und atmet Er die Liebe ein,

und wo Er auch im Leben anderer erscheint,

lässt Er einen Samen in deren Herzen zurück,

die Seinen Weg kreuzten oder teilten.

Einen Samen, der unaufhaltsam

in den Herzen seine Wurzeln schlagen wird.

Der Weg der Liebe

Ein Krieger des Herzens ist nie nur Krieger.

Er ist

Magier

Schamane

Heiler

Lichtbringer

Liebender …

Er ist all dies, was Ihm schon seit

Urzeiten vertraut ist,

und noch so viel mehr.

Im Laufe Seines Weges erwachen in Ihm

all die Fähigkeiten, die in Seinem Inneren

schlummerten, um zur rechten Zeit zu wirken.

Er kam unfertig und doch so vollkommen

auf diese Erde, um Seinem wahren Ruf

entgegenzugehen, immer dem Herzen folgend.

Er geht Schritt um Schritt in die Richtung,

die Ihm vorherbestimmt ist.

Er weiß, wenn Er Seiner inneren Stimme folgt,

kommt Er Seinem wahren Selbst immer näher.

Und so geht Er glücklich Seine Wege,

all der Weisheit Seines Inneren folgend,

um am Ende zu erkennen, dass alle Pfade

immer ein einziger Weg waren …

Sein Weg der Liebe und des Herzens.

Er ist müde

Er ist müde des Kämpfens um unnütze Werte.

Er strebt nicht nach Siegeszeichen …

nach Auszeichnungen Seiner Erfolge …

Das, was im Außen als Erfolg scheint,

ist Ihm eine Last … eine unnötige Bürde.

Er empfindet sie als unnötiges Gepäck,

sie beschweren Seinen ansonsten leichten Gang.

Sein Ziel sind nicht Orden und Pokale,

denn Seine Orden sind für Ihn,

ein offenes Herz

strahlende Augen

ehrliches Lachen

Mitgefühl mit allem Leben

Seine helfende Hand

und Seine liebende Seele.

Genau hier liegt Sein

„Schlachtfeld der Liebe“.

Sein Feldzug ist der des Herzens,

Seine Orden sind die Fußspuren der Liebe,

die er auf den Seelen jener hinterlässt,

die Ihm begegneten.

Sein Sieg ist die bleibende Erinnerung

in den Herzen, die Seinen Weg kreuzten.

Nein … Er braucht keine schmückenden Lorbeeren,

Seine Auszeichnungen leben in Ihm und durch Ihn.

Stiller Beobachter

Der Krieger wirft nie den Fehdehandschuh

vor die Füße des angeblichen Feindes …

Er weiß, jene, die ihn angreifen, sind mit dem Leben unzufrieden,

haben den Zugang zu ihrem inneren Frieden verloren …

und Er bietet ihnen mit Seiner freien Lebensart Angriffsfläche.

Jedoch lässt Er sich in keinen Kampf ziehen,

dessen Ursachen nur auf Ihn gespiegelt werden …

kämpft nicht mit den herkömmlichen Waffen der

Eifersucht

des Neides

der Missgunst

der Enttäuschung

oder des Hasses.

Auf Angriffe von außen reagiert Er selten,

da Er weiß, dass niemand

Ihn und Seinen Weg verstehen muss.

Doch weiß Er auch, dass Sein frei gewählter Weg

jene reizt, die in der Anpassung zur Umwelt leben …

unzufrieden und gefangen in fremden Wahrheiten.

Er hat schon vor langer Zeit aufgegeben,

vor anderen Seinen Weg zu rechtfertigen.

Er belehrt auch niemanden über dessen Leben,

Er beobachtet einfach nur und sieht im Stillen,

was Er nicht möchte, wie Er nicht leben will.

Und so findet Er beständig mehr zu sich selbst,

indem Er einfach zum stillen Beobachter wird.

Sein Schlachtfeld

Ein Krieger folgt keinem Trend,

Er lebt Wahrheiten, die in Ihm wohnen,

die Er seit Urzeiten in sich trägt.

Er lässt sich von Seiner Intuition leiten.

Seine innere Stimme ist Ihm Lehrmeister.

Ja … Er trägt auch Zweifel in sich,

tiefe Zweifel an sich und Seinen Wegen.

Ja … es leben auch Dämonen in Ihm,

Versuchungen, Ängste, Wollen, Ungeduld.

Doch fühlt Er es als Aufgabe, sich diesen

mit Seinen inneren Kämpfen zu stellen.

Sein Weg ist es, keiner Herausforderung

mit Seinem Inneren auszuweichen.

Und manche Narbe des Lebens

fügte Er sich selbst voller Leidenschaft zu.

Daher ist Sein Schlachtfeld und Sein größter Sieg

der Kampf mit und gegen Seinen eigenen Dämonen.

Suche

Ein Krieger sucht Nichts,

denn Er weiß,

wenn Er ständig sucht,

ist Er immer ziellos unterwegs,

vergeudet Seine Energie,

und weicht somit dem aus,

was Ihn finden soll.

Zuhause

Das, was anderen als wild erscheint,

als Leben ohne Regeln,

das ist es, was dem Krieger Ruhe schenkt.

Er lebt individuell und losgelöst

von herkömmlichen Vorschriften.

Ein Krieger glaubt nicht alles,

was man Ihm vorredet …

Er fühlt hinter die Worte,

hinterfragt, schaut kritisch hin,

entscheidet, ob es zu Seiner Wahrheit passt.

Nein, ein Krieger des Herzens

lebt nicht gesetzlos oder frei aller Regeln.

Er weiß sehr wohl,

dass manches getan werden muss,

auch wenn es Ihm widerstrebt.

Doch tut Er es in dem Maße,

dass Er sich damit wohlfühlen kann.

Ein Krieger des Herzen läuft keinem

Trend

Guru

keiner Moderichtung

oder aktuellen Ansichten nach.

Er ist kein Herdenmitglied,

Er sucht sich Seine eigene Richtung,

Seine Wahrheit, die Er leben kann.

Er weiß, dass Anpassung ein Zeichen ist,

bei sich selbst noch nicht Zuhause zu sein.

Doch wo immer Er auch geht,

wie eigenwillig Seine Reise auch scheinen mag,

Er ist immer und überall Zuhause,

da Er in Einheit mit Herz und Seele lebt.

Er kämpft nicht mehr

Der Krieger des Herzen zeigt seine Stärke,

indem Er Seine Schwächen lebt.

Er will nicht mehr kämpfen um

Status

Ansehen

Macht.

Seine Werte sind andere.

Er sucht den Weg des Friedens.

Seine stärkste Waffe ist die Liebe zu sich und allem, was ist.

Der Krieger will loslassen, was Ihn von Seinem Weg abhält.

Seine Karriereleiter ist der Frieden mit sich selbst.

Er will in sich ruhen, in sich selbst erwachen.

Er muss sich mit niemandem messen,

will nicht höher stehen als andere.

Seine Höhe findet Er in der Einheit mit dem Herzen.

Er weiß, Er darf die uralte Last des Männlichseins ablegen,

Er muss keine körperlichen Stärken zur Schau stellen.

Es tangiert Ihn nicht, was andere darüber denken,

ob sie Ihn für schwach oder feige halten,

denn Er will nur bei sich und der Liebe ankommen.

Der Krieger weiß um Seine Stärken,

es sind solche, die man nur mit dem Herzen erkennt.

Er sieht das Leben als

Segen … als Auszeichnung … als Weg und Ziel.

Er weiß, dass Er hier nur auf einer kleinen Etappe

Seiner Unendlichkeit ist, auf einem Reisestopp.

Der Krieger hat im Laufe Seiner Existenzen

viel Schmerz empfangen und getragen,

deshalb ist Er nun hier … um fühlen zu lernen,

was Ihm andere Existenzen versagten.

Er hat gelitten und geweint,

gekämpft … gesiegt und auch verloren,

hat Lasten getragen, unter denen Er in die Knie ging,

und stand stolz wieder auf, Seine Würde als Mann zeigend.

Doch nun ergibt Er sich der Schwäche,

weil Er tief in sich fühlt und rufen hört,

dass dieses Schwachsein Seine stärkste Waffe ist.

Nun lebt Er alle Gefühle, die Ihm frühere Leben stahlen.

Er weiß nun:

„Er darf Schwäche

Gefühle

Trauer

Freude

Zartheit

Gerechtigkeit

und Liebe leben und zeigen

und dadurch Seine wahre Stärke (er)leben".

Er weiß, Er ist nun hier, um zu verkünden …

„Der Krieger kämpft nicht mehr."

3

HERZKRIEGER UND DIE LIEBE

Jahrtausendealt

Egal, was kommt, wenn die Kriegerin liebt,

wird diese Liebe ewig in Ihr leben.

Und Sie trägt diese einmalige Liebe,

die schon seit Anbeginn in Ihr lebt,

immer bewusst im Herzen.

Stets innerlich angetrieben von der Liebe,

nach Ihrem jahrtausendealten zweiten Ich,

trifft Sie auf Ihrem Weg manchen Gefährten,

teilt ein Stück des Lebensweges mit Ihm.

Lernt, wächst, erweitert Ihre Seele.

Jedes Mal fügt sich ein Puzzleteil mehr in Ihr Herz,

öffnet es sich weiter, nur um dann zu fühlen:

Ich bin noch nicht angekommen …

Ich bin noch auf der Reise.

Und so zieht Sie immer wieder weiter,

hin zu dem ersehnten Moment,

da auch Ihr Herz angekommen ist.

Wanderschaft

Wenn Sie liebt,

wirklich und wahrhaft liebt,

dann bleibt Ihr Herz

dort, wo es sein Zuhause

in jedem Herzschlag fühlt.

Es mag sein,

dass Sie weiterzieht,

Ihre Wege „alleine“ geht,

und doch …

im Herzen ist Sie dort,

wo Sie weiß,

dies ist der Eine,

den Ich seit

Jahrtausenden begleite.

Jener, der Seine Seele

mit der Meinen teilt.

Tief in Ihrem Sein

ist gespeichert, was einmal war

und wieder sein wird.

Sie weiß und fühlt,

wenn Ihre Seele Ihn nahe verspürt,

jenen, der all Ihre Wege mitfühlt,

dessen Seele an Ihrer Seite wandert,

dann treffen Ihrer beider Pfade

irgendwann aufeinander …

dann wird Ihre einsame Wanderschaft

zu einer gemeinsamen Reise werden.

Sie ruft ihren Krieger

Die Kriegerin ruft den Krieger in sich …

Sie bittet Ihn um Seine Hilfe …

Sie will nicht mehr nur Kriegerin sein …

Die Kriegerin sucht den Krieger in sich …

um ihm mitzuteilen,

dass Sie nicht mehr kämpfen will …

Sie will auch Geliebte und Frau sein …

will Ihr Herz in Ihm zur Ruhe kommen lassen.

Die Kriegerin kämpft schon lange nicht mehr …

auch nicht gegen den Krieger in Ihr …

Sie ist Kriegerin Ihres Herzens geworden.

Die Kriegerin bringt Ihm Ihr größtes Opfer dar …

wohlbewusst, wie verletzlich Sie dies für Ihn macht …

weil Sie nicht weiß, ob Er noch kämpft …

aber Sie weiß im Herzen,

dass Er Ihren Ruf hört …

aber auch eine Kriegerin hat Angst …

Angst, dass Ihr Rufen nicht angenommen wird.

Sie steht nun hier mit dem größten Geschenk,

das Sie Ihm geben kann …

indem Sie bedingungslos aus ganzem Herzen

und mit Ihrer Seele „Ja“ sagt.

Die Spuren der Kriegerin

Die Kriegerin des Herzens

hat so viele Spuren auf Ihrem Weg hinterlassen.

Spuren, die nur für Ihn leuchten und leben durften,

manche nahm Er auf und folgte ihnen ein Weilchen …

um bei der nächsten interessanten Ablenkung den Weg zu ändern.

Andere übersah Er einfach, weil neue Spuren Ihn so faszinierten.

An mancher Kreuzung blieb Sie eine Weile wartend stehen,

und sah Ihn dann in der Ferne plötzlich den Pfad wechseln.

Und immer ging Sie in sich ruhend den Weg des Herzens weiter.

Das Einzige, was Sie immer wissen wollte ist …

was Ihre Intuition Ihr sagt…

wohin die Seele Sie führt …

welchen Weg Ihr Herz wählt …

welche Wunder auf Ihrer Reise warten …

wo Ihre Liebe willkommen ist …

denn nur dort, wo Sie offenen Herzens empfangen wird,

lässt Sie sich eine Weile nieder, ruht Sie aus,

lässt Ihre Liebe fließen.

Sie empfängt und gibt aus vollem Herzen, ohne zu hinterfragen,

denn Sie weiß, Liebe lässt sich nicht

bemessen

fordern

abwägen

vergleichen

in Frage stellen

Liebe ist und bleibt Liebe.

Sie weiß, dass die Liebe so in Ihr Leben kommt,

wie Sie diese gerade leben soll,

egal, in welcher Form oder welchem Aussehen.

Sie geht immer weiter … die Kriegerin des Herzens …

lässt ihn „Seinen" Weg gehen …

wissend, dass, was auch kommen mag …

es Ihr Weg der Liebe ist,

der immer jene Wege kreuzen wird, die Ihr bestimmt sind.

Das Herz einer Kriegerin

Wenn das Herz einer Kriegerin einmal so tief gefühlt hat,

wird sie keine andere Erfahrung mehr annehmen wollen,

die Sie nicht so tief in der Seele berührt, wie diese eine Liebe.

Auch wenn die geliebte Seele andere Wege beschreitet,

wird sie trotz allem diese Liebe weiter in sich tragen.

Denn Sie weiß, dass Er Seine eigenen Aufgaben hier hat.

Sie wird für immer diese Liebe in Ihrem Herzen behalten,

behüten und bewachen … lässt sie einfach leuchten.

Sie wird darin erblühen und daran wachsen.

Es ist Ihr heiliger Gral, den Sie mit Ihrer Seele beschützt.

Erst diese tiefe Liebe ließ Sie aus Ihrem Inneren

zu der wahren Kriegerin der Liebe erwachen.

Dieses Fühlen öffnet Ihr Herz und Ihr Verständnis.

Und wer immer Ihr begegnet, wird sein Herz öffnen,

wird dieses innere Leuchten in seiner Seele fühlen,

wird fasziniert Ihren Worten über die Liebe lauschen.

Und so wird Sie, wo auch immer Sie hingeht, für andere

eine dauerhafte Spur der Liebe, in den Herzen hinterlassen.

Sie fühlt sich dem Geliebten immer nahe und verbunden.

In Ihren stillen Stunden wird Sie Zwiesprache mit Ihm halten,

und tief in Ihr lebt die Gewissheit, nie mehr alleine zu sein.

Wo Sie auch ist, wird Sie immer Seine Hand in der Ihren fühlen,

denn egal, wohin Ihr Pfad Sie führt, Sie geht ihn auch für Ihn.

Und so wachsen Sie und Ihr Krieger mit jedem Schritt zusammen.

Eine Herzenskriegerin weiß, es gibt den Ort

und die richtige Zeit, an dem Sie sich wiederfinden,

und gemeinsam weitergehen werden.

Kriegerin der Liebe

Wenn eine Kriegerin der Liebe liebt, dann liebt Sie unendlich.

Sie schenkt Ihr Herz nicht Heute hier und Morgen dorthin,

Sie verschenkt es nur einmal, aber nie leichtfertig,

denn Sie lässt Ihre Seele entscheiden …

und fordert es nie mehr zurück,

weil Sie weiß, dass es dieses tiefe Gefühl für Sie nur einmal gibt.

Sie lässt es dort, wo es die Sprache Ihrer Liebe spricht …

das Herz einer Kriegerin wird für immer dort verweilen,

auch wenn Sie irgendwann Ihren Weg weitergehen muss,

weil die Worte Ihrer Liebe kein Echo bekommen …

denn wenn Sie liebt, dann liebt Sie und nichts wird dies je ändern.

Auch wenn Sie diese Liebe alleine trägt … Sie hinterfragt nichts …

vertraut einfach auf die Weisheit Ihres Herzens … weil Sie weiß,

dass diese Liebe für Sie einen Sinn ergibt …

Sie ergibt sich ihr einfach …

Sie weiß voller Vertrauen, dass sich Ihr der Sinn offenbaren wird.

Was andere dazu sagen, interessiert Sie nicht …

denn es ist Ihr Weg, den Sie geht …

der Weg in die Unendlichkeit der Liebe.

Sie geht immer den Weg des Herzens,

ohne sich dabei selbst zu vergessen.

Eine Kriegerin der Liebe kämpft ausdauernd

und denkt dabei mit dem Herzen.

Aber Sie weiß … Sie fühlt auch … wann die Schlacht verloren ist.

Dann geht Sie hocherhobenen Hauptes vom Platz …

zieht sich still und leise zurück, versorgt in der Stille Ihre Wunden,

hinterlässt keine Spuren, außer jene im Herzen anderer Menschen.

Sie bleibt einfach in Ihrer heiligen Stille,

bis Sie sich wieder herzensstark genug fühlt,

Ihren Weg der Liebe alleine weiterzugehen …

dem Weg Ihrer Bestimmung zu folgen.

Sie ignoriert, was andere über Ihr Handeln denken oder sagen …

es ist Ihr nicht wichtig…

Sie handelt nur nach den Wünschen Ihrer Seele …

nach Ihrer Bestimmung.

Im Herzen vergibt Sie jeder Verletzung und jeder Abweisung …

Sie lässt keinen Groll in Ihrem Herzen zu …

Trauer und Sehnsucht sind Ihr bekannte Begleiter,

die Sie in Herzensstärke zu verwandeln vermag.

Sie schämt sich auch nicht Ihrer Tränen,

denn jede davon zeugt von Ihrer Stärke

zu Ihren Gefühlen zu stehen …

und Sie geht aufrecht und mit offenem Blick weiter nach vorne …

folgt nur dem Ruf Ihrer inneren Weisheit.

Sie schenkt Ihre Liebe mit dem Vertrauen

und dem unschuldigen Herzen eines Kindes …

wird dieses Vertrauen enttäuscht oder abgelehnt,

ergreift Sie Ihr Lichtschwert, durchtrennt damit

die Bande, die Sie halten möchten,

und Sie marschiert wieder nach vorne.

Zurück lässt Sie Ihr Herz voller Liebe … denn

Sie fordert nie ein Geschenk zurück.

Sie verlässt den Ort Ihrer Niederlage aufrecht und stolz,

kehrt nicht mehr zurück, es sei denn, die Liebe ruft Sie wieder,

dann ist Ihr kein Weg zu schwierig, um dem Ruf des

Herzens und der Liebe zu folgen.

Ich bin

Ich bin Ich … eine Liebende

… die Kriegerin, die sich kampflos der Liebe ergibt

… die Magierin, die sich verzaubern lässt

… die Rebellin, die sich in liebende Arme fallen lässt

… die Wilde, die sanftmütig gibt und empfängt

… die Sanftmütige, die ihrer Wildheit freien Lauf lässt

… die Liebevolle, die energisch ihrem Weg folgt

… die Wissende, die sich von der Liebe belehren lässt

… vielleicht bin Ich nichts und doch bin Ich alles.

Doch was Ich für Dich bin,

hängt davon ab, was Deine Seele in Mir sieht,

ob Du das in Mir siehst und liebst, was Ich bin,

oder nur das, was Du suchst.

Ich bin nichts, was Du nicht schon bist,

und dennoch wachse Ich hin zu allem, was Wir noch sein können.

So viele Umwege ist Sie gegangen

So viele Umwege und Abzweigungen ist Sie gegangen,

so oft in die Irre gelaufen,

und doch, es waren genau die richtigen Wege,

sie führten in dieses Jetzt …

dahin, wo Sie nun steht, zurückblickt und sagt:

„Es waren die richtigen Wege, sie führten mich zu Ihm."

So oft hat Sie an die Liebe geglaubt und

gelitten, wenn es wieder vorbei war,

und doch, jeder Schmerz ließ Ihr Herz noch weiter werden,

öffnete es weit genug für den richtigen Moment.

Schulte Ihre Intuition, um auf die Signale von Ihm zu lauschen.

Sie hat viele Narben davongetragen,

hat sie verbunden und versteckt,

bis Sie diese liebevoll betrachten

und ihnen den nötigen Respekt zollen konnte,

sind diese doch Zeichen Ihres Lebens und Wachsens.

Zeichen Ihrer Bereitschaft an die Liebe zu glauben.

Ihr wurden viele Wunden geschlagen,

welche Sie einst unter den Gewändern Ihrer Seele verbarg,

dann aber ließ Sie das helle Licht Ihrer Liebe darauf scheinen,

und wurde erfüllt voller Ehrfurcht für diese Ihre Kämpfe,

denn sie trugen auch die Heilung in sich …

waren Richtungsweiser hin zur wahren Liebe.

Ein letztes Mal hat Sie an die Liebe geglaubt …

hier wurden alle Wunden und Narben wieder aufgebrochen,

um zu heilen und sich zu einer einzigen Narbe zu schließen …

diese wird Sie immer bei sich tragen,

offen, ohne Schleier, für jeden sichtbar …

die Narbe dieser einen Liebe,

die tief mit Ihr verwachsen ist …

dieses Zeichen, welches Sie voller Stolz in tiefer Liebe zu Ihm

auf Ihrem weiteren Weg, für jeden sichtbar trägt.

Diese Liebe ist zu Ihrem Meister geworden

vor dem Sie sich nun voller Demut verneigt.

Mein Krieger

Und wieder einmal, Mein geliebter Krieger,

schaue Ich Deinen Kämpfen zu,

den schlimmsten und härtesten,

die Du je ausgefochten hast,

und weiß und fühle tief in Mir,

dass Du im Kampf gegen die Gefühle

wieder einmal nur als Verlierer

vom Schlachtfeld gehen kannst.

Und voller Bedauern sehe Ich,

wie Du so tapfer

auch Mir einen Verlust erkämpfst,

in Deinem ewigen Krieg darum,

nicht wahrhaft geliebt zu werden.

Und so sehe Ich Dich

einmal wieder voller Trauer

stolzen Hauptes die Arena verlassen.

Voller Stolz der Illusion erliegend,

der Liebe wie schon so oft

Deine Grenzen aufgezeigt zu haben.

Doch, Mein geliebter Krieger,

auch Ich fühle diese Wunden,

welche Du Dir Kampf um Kampf

errungen hast, tief in Mir schmerzen.

Ich spüre dieses uralte vernarbte Herz,

welches auch Meine Seele in sich trägt.

Denn Du schlägst diese Wunden

in jeder neuen Schlacht auch Mir.

Ich sehe den Krieger in Dir

Ich sehe mehr in Dir, als Du nach außen zeigst …

Ich sehe Dich als Menschen und Seele …

nicht wie andere Dich haben oder formen möchten,

Ich erkenne Dein wundervolles Licht, tief in Dir verborgen,

und Ich würde Dich gerne so sehen, wie Du sein kannst,

als den Krieger des Lebens und der Liebe, der Du bist.

Und Ich schau Dir voller Freude im Herzen zu,

wie Du langsam Deinen Weg zu Dir selbst findest.

Denn ein Krieger der Liebe achtet vorrangig auf sich selbst.

Nur wenn Er mit sich und Seinen Träumen im Reinen ist,

nicht mit den Träumen, die andere sagen, es wären die Seinen,

kann Er den wahren Weg des Herzens gehen.

Ich sehe, wie Du die Lehre begreifst,

die Lehre, dass Deine stärkste Waffe Dein Herz ist,

und Deine Demut und Achtung dem Leben gegenüber,

und vorrangig Liebe, Vertrauen, Geduld, Glaube an Dich selbst …

und der Glaube an all die Wunder in Dir …

eben der Glaube daran, dass Du ein Kämpfer des Herzens bist.

Und voller Freude erkenne Ich,

dass Du den Weg zur Selbstheilung in Dir findest.

Ein wahrer Krieger erkennt, wo Er sich selbst heilen kann.

Und Ich sehe, dass Du zwar schmerzlich, aber wahrhaft

Deine eigenen inneren Gesetzte erkennst.

Dass Freundschaft nicht erkämpft werden muss,

Du für einmal Gegebenes nicht ewig danken musst,

Du nichts tun musst, was sich für Dich nicht stimmig anfühlt,

man seinen Weg auch in Frieden und Liebe gehen kann,

dass nur Du alleine Deinen Weg in Deinen Frieden finden kannst.

Den Weg, der Dir als Krieger Deines Herzens gegeben ist.

Ich schaue mit Meinem Herzen aus der Ferne zu,

wie Du Schritt um Schritt der wirst, der Du sein sollst,

der Krieger des Herzens und der Liebe.

Es macht mich unendlich glücklich,

wie Du erkennst, dass Du hier sein darfst,

weil es Aufgaben gibt, die nur Du erfüllen kannst,

weil es hier auf der Erde Wege zu gehen gibt,

die nur Dein Herz gehen kann.

Und voller Freude fühle Ich,

wie Du immer mehr in Dir selbst erwachst,

erahnst, wo Deine wirklichen Wege für Dein Seelenheil sind,

und Du prägst auf diesen Wegen sanft und bedacht

immer mehr Fußspuren von Dir.

Aus der Ferne schaut Dir Meine Seele zu,

wie der wahre Krieger in Dir und Deinem Herzen erwacht.

Ein JA zu Mir

Sie ist mutig genug, zu Ihren Gefühlen zu stehen …

ist genügend Ich, um sich in einem Herzen zu verlieren …

ehrlich genug, lieber alleine als bei dem Falschen zu sein …

stark genug, um in den richtigen Armen schwach zu sein …

offen genug, die Liebe fließen zu lassen und zu empfangen …

Doch ist Sie auch so stark, NEIN zu Dir zu sagen,

wenn es ein deutliches JA zu Ihr selbst ist.

Stark genug zu sagen NEIN …

es tut Mir nicht gut, wie Du Dich zu Mir verhältst …

Ich habe genug von Deinem verletzenden Verhalten …

Eine Kriegerin des Herzens ist in sich selbst gefestigt genug

zu sagen: „Dein Handeln verletzt Mich … bitte gehe!“

Tief in Dir

Und irgendwo tief in Dir,

zwischen all Deinen Selbstzweifeln

und Deinen angelernten Regeln,

irgendwo dazwischen schlummert Sie …

Deine wilde Frau, die Du bist,

wartend darauf, den Tanz der Liebe zu beginnen.

Und irgendwo tief in Dir,

eingebettet zwischen Deinem Zwang,

der Liebe nachzulaufen und Gefühle zu jagen,

irgendwo dazwischen wartet Sie …

Deine innere Göttin, die Du bist,

wartet darauf, von Deinem göttlichen Geliebten

auf den gemeinsamen Thron erhoben zu werden.

Und irgendwo tief in Dir,

irgendwo zwischen Deinen Kämpfen

um den Geliebten und dessen Liebe,

bei denen Du Dich sinn- und erfolglos müde kämpfst,

weil ein Krieger erobern und nicht erobert werden will,

irgendwo dazwischen lauert Sie …

Deine sanfte Kriegerin, die Du eigentlich bist …

wartet darauf, dass Du aufhörst zu kämpfen,

denn Sie will von Ihrem Krieger besiegt werden.

Befreie Sie, die wilde Frau,

lass Sie sich erheben, die Göttin,

lass die Kriegerin kampflos erwachen.

Gebe ihnen, was ihnen zusteht …

Die Freiheit, sich erobern zu lassen von jenem …

der die wilde Frau zähmen kann …

um den Tanz der Liebe mit Ihr zu beginnen …

der die Kriegerin kampflos erobert …

um Ihr einen Platz der Ruhe in Seinem Herzen zu bieten …

Ihr, wie es Seiner Göttin gebührt, Ihre Krone aufsetzt,

um Sie auf Ihren gemeinsamen Thron der Liebe zu erheben.

Für die Liebe

Ich kämpfe für die Liebe,

mit all den Worten, die Ich schreibe …

und die Ich gesprochen weitergebe …

die Ich hinaus in die Welt schicke …

für Mich … für andere … für Dich.

Aber niemals kämpfe Ich um Liebe …

niemals um Aufmerksamkeit …

niemals darum, beachtet zu werden …

und nie ~ niemals um ein Herz.

Liebe kommt aus freiem Wollen …

ein Herz schenkt sich freiwillig …

beachtet und fühlt Mich von sich aus …

sieht und erspürt Mich und Meine Liebe.

Ich muss um nichts kämpfen …

Was nicht freiwillig zu Mir kommt …

gehört ganz einfach nicht zu Mir …

sobald Ich darum kämpfen soll,

ist es nicht für Mich bestimmt.

Ich kämpfe für die Liebe …

für Mich … für andere … für Dich …

einfach nur wegen der Liebe …

für das Öffnen der Herzen …

für das Fühlen der Seelen …

für die Liebe zu sich selbst …

für das Erkennen der Dualseele …

für das Offenbaren und Zeigen der Liebe.

Aber aus tiefstem Herzen nie …

niemals ums Geliebtwerden!

Der Herzensweg der Kriegerin

Eine Kriegerin des Herzens und der Liebe weiß,

dass Sie ab und an Ruhepausen braucht …

Zeiten in der Stille, in denen Sie nur bei sich ist.

In Momenten, die nur Ihrem Schweigen

und Ihrer Seele gehören …

lädt Sie wieder Kraft, die Sie in der Energie Ihres Herzens findet.

Sie hält Innenschau, überdenkt Vergangenes und Erlebtes …

aber Sie bereut absolut niemals etwas Getanes …

denn alles, was Sie tat, war zu dem Moment richtig für Sie …

weil Sie sich von Ihrer inneren Göttlichkeit führen lässt.

Jeder Schritt, den Sie tut, ist der Ihre, auf Ihrem Weg.

Sie vertraut einfach Ihrem besten Ratgeber … Ihrer Intuition.

Egal, ob der erste Schritt nach rechts oder links geht …

er wird in die für Sie wahre Richtung gehen …

weil er Ihrer inneren Weisheit entspringt, ist Sie auf Ihrem Weg.

Auf jedem Pfad, den Sie wählt und ihn mit offenem Herzen geht,

findet Sie Herausforderungen zum Lernen und Wachsen …

und Sie lässt keine Gelegenheit zum Lernen an sich vorüberziehen.

Sie ist sich sicher, alles geschieht zu Ihrem Wohl.

Deshalb bereut Sie niemals Ihre Wege und Entscheidungen.

Sie zieht sich immer wieder einmal in Ihre innere Stille zurück …

um Ihre Gefühle und Sehnsüchte zu schauen,

sich selbst zu erkennen …

denn Sie lebt nur für das Wachstum, die Gefühle und die Liebe …

und die Sehnsucht nach Ihrem Gefährten leuchtet Ihren Weg aus.

Sie folgt mit jeden Schritt nur dem Licht Ihrer Seele nach …

geht voller Demut den Pfad des Herzens,

folgt dem lautlosen Ruf des Einen …

auch wenn diese Reise manchmal einsam ist, geht Sie immer weiter,

denn Sie trägt als leises Echo das tiefe und sichere Wissen in sich,

dass dieser Weg Sie zu Ihrem Krieger des Herzens führen wird …

solange Sie nur Ihrem Herzen und Ihrer eigenen Wahrheit folgt …

ist Sie sicher, dass jeder einzelne Schritt Sie näher zueinander führt.

dualseelen.org

CPSIA information can be obtained
at www.ICGtesting.com
Printed in the USA
LVOW03s1930140917
548743LV00001B/27/P

9 781514 286142